AF201697

Über dieses Buch

Strömungen der Kunst und der zeitgenössischen Spiritualität schlagen sich in den Bildern des Margarete Petersen Tarot ebenso nieder wie die traditionelle Struktur der 78 Symbolkarten. Der Malerin ist das Kunststück neuer typischer, prägender Bildmotive gelungen, obwohl und gerade weil sie sich von den bekannten Bildszenen oftmals gelöst hat. – In diesem Buch gibt die Künstlerin Hinweise zu den Bedeutungen und zur Entstehungsgeschichte ihrer Karten.

Über die Künstlerin und Autorin

Margarete Petersen erlebte und erarbeitete 1979-2001 die Tarotkarten auf ihre eigene kunstvolle Weise. 2001 erschien ihr Margarete-Petersen-Tarot. Seit 2012 hat sie ihr Domizil im Wendland in Lichtenberg, wo sie zusammen mit Dietmar Buchmann das »Atelierhaus Lichtenberg«, eine Kulturwerkstatt, in der Ausstellungen, Filmvorführungen und Lesungen stattfinden, gegründet hat.

Margarete Petersen
Tarot

Mit einem Vorwort
von Luisa Francia

Die in diesem Booklet enthaltenen Informationen und Ratschläge wurden von der Autorin sorgfältig recherchiert und geprüft. Eine Garantie kann dennoch nicht übernommen werden. Die Informationen und Ratschläge sind außerdem nicht dazu gedacht, die Beratung durch einen Arzt oder Therapeuten zu ersetzen, sofern eine solche angezeigt ist. Eine Haftung der Autorin oder des Verlags ist ausgeschlossen.

Bibliographische Information der Deutschen Nationalbibliothek
Die Deutsche Nationalbibliothek verzeichnet diese Publikation in der Deutschen Nationalbibliographie; detaillierte bibliographische Daten sind im Internet über http://dnb.d-nb.de abrufbar.

Neuausgabe
Krummwisch bei Kiel 2021

D-24796 Krummwisch
www.koenigsfurt-urania.com // www.tarot-online.com

Umschlaggestaltung: Elisabeth Petersen, München
Satz: Stefan Hose, Götheby-Holm

Printed in EU
ISBN 978-3-86826-563-7

Inhalt

Vorwort von Margarete Petersen zur Neuausgabe 7

Vorwort von Luisa Francia 8

Einleitung 17

Die 22 Großen Arkanen 23

Die Hofkarten 36

Die Zahlenkarten 53
- Münzen 62
- Kelche 69
- Flammen 75
- Federn 80

Umgang mit den Tarotkarten 86

Vorwort zur Neuausgabe

von Margarete Petersen

21 Jahre brauchte es, um dieses Deck zu erschaffen, und seit 21 Jahren ist es auf dem Markt, in Buchläden und im Netz, wird weitergereicht, gemischt, gelegt, gelesen und löst Begeisterung und Kritik aus.

Es gibt keine Antworten auf die Zukunft, es erteilt keine Ratschläge, sondern lädt ein zum Innehalten, zum meditativen Blick auf das, was gerade ist: auf Verknüpfungen, blinde Flecken, automatisierte Gedankenmuster, die kreative Lösungen blockieren können. Es ist wie ein Fluss, der der herrschenden Meinung zuwiderläuft und unerwartete Möglichkeiten offenbaren kann.

Der forschende neugierige Blick öffnet den Raum für eigene Wahrheiten. Dieses Tarotdeck transportiert keine Ideologie, will nicht vereinfachen, sondern macht die Vielschichtigkeit und Verflochtenheit scheinbar banaler Vorgänge transparent.

Es freut mich außerordentlich, dass dieses Tarot besonders bei jüngeren Menschen wieder sehr gefragt ist, und der Verlag nach 20 Jahren ein Jubiläumsexemplar auf Deutsch und Englisch in neuer Aufmachung – in Anlehnung an die Originalausgabe von 2001 – herausgibt.

Margarete Petersen, im März 2021

Im Tarot-Labyrinth

von Luisa Francia, 2001

Als Margarete mich Anfang Mai [im Jahre 2001] anrief, um mir zu sagen, dass ihre Tarotbilder fertig sind, überwältigte mich Begeisterung. Ich war mir nicht immer klar darüber, aber ich hatte die ganze Zeit auf diesen Augenblick gewartet, und natürlich schreibe ich sehr gern das Vorwort für das Tarot. Aber jetzt sitze ich vor dem vertraut leuchtenden Bildschirm und mir fehlen die Worte. Wie kann ich etwas so Komplexes beschreiben, das dieses Tarot für mich bedeutet? Zuerst laufe ich ins Göttinnenzimmer (meine Göttinnenfiguren haben ein Zimmer bei mir) und vertiefe mich in das Bild der Hohepriesterin, das mir Margarete vor zwanzig Jahren schenkte, weil sie fand, es passt nicht in ihr Deck. Es zeigt eine wunderschöne, ernste Priesterin mit einer silbernen Mondsichel vor einem blauen Hintergrund. Das Bild, das sie danach malte, war reifer tiefer. Aber ich liebe diese Priesterin. Sie war mir immer auch ein Symbol dafür, dass ich auf Margaretes Karten warte. Zwei Vorübungen für andere Karten landeten bei mir. Ein Entwurf für den »Stern« auf einem dreieckigen Stück Karton, ein Himmelskörper im dunklen Universum, und eine Blüte für den Erdkartenzyklus. Ich liebe Margaretes Bilder, ich liebe ihre unbeirrte, geduldige Arbeit, die eine Verbindung zwischen spirituellen Energien und menschlichem Suchen schafft. Wenn ich ihre Bilder betrachte, sehe ich die feinen Pinselstriche, die Punkte, aus denen sich immer genauer das ganze Bild herauskristallisiert. Margarete war und ist mir immer die wichtigste Partnerin für das Auffinden von feinen Energien, für die Beschreibung des Spiels zwischen feinstofflicher Substanz und Materie. Ohne sie hätte ich den Weg vielleicht nie gehen können, den ich in den magischen Raum erfand. Alle meine Bücher wurden von nächtelangen Gesprächen mit ihr begleitet, die plötzliche Erkenntnisse oder Visionen in mir auslösten. Niemand außer Margarete konnte meine Gefühle, meine Abenteuerreisen in andere Seinsebenen so genau verstehen und weiterdenken.

Umgekehrt begleitete auch ich die Arbeit an ihren Bildern und diesen verschlungenen Weg durch ihr Leben, aus dem jede der Tarotkarten sich langsam und beharrlich entwickelte. So sehr verband sich Margaretes Leben mit jeder einzelnen Karte, die sie malte, dass sie in einem Portrait von esotera »Frau Tarot« genannt wurde. Mondklare Nächte auf dem Buchberg im Salzburger Land beleuchteten unsere Suche nach spirituellen Wahrheiten. Wie sieht »Tod« aus? Ist sie nicht eine Frau, die an der Grenze menschlichen Seins sitzt und einen schützenden Mantel über alle breitet, die sich ängstlich auf die Reise zur anderen Seite machen?

Als Margarete mit ihrer Schwester Elisabeth in Bayern auf dem Land unter dem Dach eines alten Schulhauses in Netterndorf (wir nannten es Nattern-Dorf) lebte, in dem Michael Endes Vater gemalt und geschrieben hatte, besuchte ich sie oft, um über ein Bild zu diskutieren und die damit verbundenen spirituellen Reisen zu ergründen. Durch Elisabeth, mit der ich in München zusammengewohnt hatte, lernte ich Margarete Mitte der Siebziger Jahre kennen. In unserer gemeinsamen Wohnung machten wir die ersten Tarotexperimente und Trancereisen. In Spruga, im Tessin, wo Margarete später in einem alten Haus lebte, erforschten wir die wilde Natur und das alte Schwefelbad und ich fotografierte sie mit dem gerade fertiggestellten Bild »Der Turm«. Alles in ihrem Leben drehte sich gerade um, wurde auf den Kopf und in Frage gestellt. Ich bewunderte und bewundere immer noch die Ausdauer, mit der sie selbst schwierigste Lebensbedingungen und Geldnot meisterte, während ihre Tochter mal bayrisch, mal italienisch lernte, je nach Wohnort. In Trancen wanderten wir an die Grenzen unseres Begreifens und nur mit ihr konnte ich Rotwein trinken und reden, bis wir ans Ende unserer Weisheit gelangten und irgendwo lachend niedersanken, während unsere beiden Töchter im Bett Geheimnisse austauschten.

Ich begleitete auch ihre Krisen. Plötzlich schienen ihr die Karten nicht mehr richtig, nicht mehr gültig zu sein, zu naiv, nicht genau genug. Staunend registrierte ich ihre Zweifel, die mir in meiner Arbeit immer gefehlt hatten. Ich erkenne sie als Qualität, sich nicht mit dem Unfertigen zufrieden zu geben. Für mich war der magische Weg und meine Bücher, die daraus entstanden, immer »work in progress«, mein derzeitiger Stand der Dinge. Mir fehlt der Perfektionismus, dieses nagende Gefühl: Ist es auch wirklich das, was ich ausdrücken will, muss ich nicht dranbleiben, um noch wahrhaftiger zu werden? Margarete brachte auch in meine Arbeit immer Überlegungen ein, die mich anregten, weiter zu gehen und mich nicht da einzurichten, wo es schon irgendwie passt. Denn wenn sie malt, gibt sie sich nicht mit halben Wahrheiten zufrieden. Sie übermalt, kratzt es wieder ab, baut das Bild neu auf, betrachtet es, dringt mit ihren Zweifeln ein, experimentiert.

Wie liebe ich das Bild »Erneuerung«, das in anderen Tarots »Auferstehung« heißt. Eine Feder, die auch eine Klinge sein könnte, durchschneidet den schwerelosen Tanz der Farben. Erneuerung braucht Leichtigkeit und klare Einschnitte. Keine andere Karte zentriert meine Energie so, wie die Herausforderung dieser Karte. Auf dem Weg zu der Karte »Magie«, die so wunderbar geschlechtslos die umfassende Kraft der Gestaltung und Wandlung illustriert, spielte Margarete mit einem alten Fahrradsattel, den sie zu einer Maske verwandelte und mir schenkte. Ich hatte diese Maske auf einer Reise in

Frankreich dabei. In einem kleinen Landgasthof war der Besitzer von ihr derart begeistert, dass ich sie ihm schenken musste. Ich erzählte ihm von Margarete, von ihrer Arbeit an den Tarotkarten und gab ihm auch einige ihrer Postkarten, die ihn verzauberten. Später ließ ich mir in Nepal von einem Bronzegießer eine Maske gießen, die dieser Karte gleicht. Damals begann ich intensiv mit dieser Kraft zu spielen, die in der Verwandlung durch Masken liegt, in diesem gesichtslosen Gesicht, das auf den Raum hinter dem Sichtbaren weist.

Die »Herrscherin« wurde mir zum Symbol wahrer Macht. Nur in der Verbindung und Verbündung mit der Natur ist eine Macht denkbar, die nicht andere Wesen beherrscht, sondern Eigenmacht ist.

Aber mehr als alle Bilder liebe ich die »Liebenden«, den feurigen Tanz der Schlange, die sich immer wieder häutet, immer wieder erneuert, sanfte Berührung, wilde Herausforderung, Feuer und Dunkelheit zugleich.

Das Bild des Wagenlenkers / der Wagenlenkerin entstand in Berlin. Wir saßen in ihrem Zimmer auf dem von ihr bemalten Teppich und diskutierten die verhängnisvolle und anregende Kraft der Gegensätze. Wie können Gegensätze zur Triebkraft für Bewegung werden? Wie kann es überhaupt gelingen, Schwierigkeiten und scheinbare Unvereinbarkeiten so zu vereinen, dass Bewegung möglich wird? Für mich ist die Karte ein Innehalten. Bewegung ist immer möglich, aber ist sie auch sinnvoll? Wie wird sie sinnvoll? Dass auf Margaretes Bild die Katzen diese Bewegung auslösen oder anregen, gefällt mir besonders gut. Sich mit der Kraft der Katzen fortzubewegen, heißt einfühlsam, wach und hellsichtig den Weg zu ergründen, alle Aspekte mit nachtsichtigen Augen zu beleuchten, sich nicht von Unwesentlichem oder Unsichtbarem täuschen zu lassen. Auf die eigene Intuition zu vertrauen! In Spruga gab es eine Katze, Rosa, die Margaretes Nähe suchte und ihr immer folgte. Sie war krank und starb irgendwann. Hingebungsvoll pflegte Margarete diese Katze und mir wurde klar, wie sehr sie sich in Schwäche und Ausgegrenztheit einfühlen kann. Einmal begleitete mich Rosa auf einem Spaziergang zum Fluss. Wir hielten ein wortloses Zwiegespräch, in dem ich mir bewusst wurde, dass ich die Sprache dieses Tiers verstehen konnte. Ich glaube, dass viel von Rosas Kraft in Margaretes Bilder eingegangen ist. Sie war wirklich eine magische Helferin.

Die »Gerechtigkeit« zeigt, dass wir nicht menschliches Recht brauchen, sondern einen untrüglichen Instinkt für kosmische Gerechtigkeit, für unbestechliche Entscheidung im Einklang mit allen Wesen der Natur und des Universums.

Wie kein anderer Künstler, keine andere Künstlerin hat Margarete in ihren Tarotbildern die universelle Dimension von menschlichem Sein für mich ausgedrückt. Man sieht nur mit dem Herzen gut, sagt Exupéry im

»Kleinen Prinzen«. Margarete versteht es meisterhaft, den Blick des Herzens mit der Genauigkeit der Erfahrung und des Handwerks zu verbinden und damit die Herzen der Betrachtenden zu berühren. Das habe ich immer wieder in Gruppen erfahren, in denen Frauen über die Tarotbilder sprachen und ihre Gefühle dazu formulierten.

In einem unserer nächtelangen Gespräche sagte Margarete einmal: »Wenn wir älter werden, müssen wir uns unseren Widersprüchen und Verletzungen stellen, sonst versteinern wir.« Dieser Satz hat mich seither begleitet. Als ich an meinem Buch »Der wilde Blick« über das Sehen nach außen und nach innen arbeitete, besuchte ich Margarete in Berlin. Wieder einmal sprachen wir über das Sichtbare und das Unsichtbare, über die Raster, die uns das Sehen möglich machen oder verhindern. Sie sagte etwas, das ich als Zitat an den Anfang meines Buchs stellte und hier noch einmal in Erinnerung rufen will:

»Die Verletzungen der Kindheit liegen wie ein Filter auf der Netzhaut, wenn dieser Filter sehr dicht ist, begegnest du immer der gleichen Situation, siehst immer die gleichen Bilder und bleibst in diesem Bewertungssystem gefangen wie in einer Matrix. Je durchsichtiger dieser Filter wird, je mehr du die Kindheitshypnosen auflösen kannst, um so deutlicher kannst du auch die Verletzungen der anderen sehen, umso mehr neue Informationen kannst du sehen und aufnehmen.«

Diese Erkenntnis ist wohl die größte Qualität in Margaretes Arbeit und in ihrem Leben. In diesem Licht bekommt Mit-Gefühl eine neue Dimension.

Eine Zeitlang sah es so aus, als würde das Tarot nie fertig werden. Margarete geriet in eine regelrechte Schaffenskrise. Ich besuchte sie in Berlin in der Wohngemeinschaft, in der sie lebte, in ihrem Atelier und in der Wohnung am Tempelhofer Ufer, in der sie schließlich die Elemente-Zyklen malte. Ich beschrieb meine Gefühle beim Anblick der Bilder, die im sonnendurchfluteten Arbeitsraum standen. Und ich hoffte, dass all die Schwierigkeiten, die Margarete überwinden musste, die Vollendung des Tarots nicht doch noch verhindern würden. Dass sie in all den Jahren den Tanz durchs Tarot-Labyrinth durchhielt, erscheint mir jetzt wie ein Wunder.

Ich weiß, dass viele wie ich auf Margarete Petersens Tarot gewartet haben, und bereite mich vergnügt, ja aufgeregt auf den Tag vor, an dem ich ihre Karten vor mir liegen habe. Ich habe mir die Karten lange nicht mehr gelegt. Irgendwie hatte ich keine Lust mehr auf die bekannten Bilder, die einfachen Lösungen. Mit Margaretes Tarot fängt für mich eine neue Ära an. All die Erfahrungen und Visionen, die in den Bildern versammelt sind, bringen mir neue Impulse und ich mache mich von Neuem auf den Weg, mit neuen Erfahrungen, neuen Inspirationen und vor allem mit einer unbeschreiblichen Freude.

Luisa Francia

Einleitung

Als Kind fühlte ich mich in der Welt der Märchen, Sagen, Comics und Mythen zu Hause. Du spinnst – mach' doch aus einer Mücke keinen Elefanten! Aus Elefanten Mücken, der Schule 'ne Katze, dem Lehrer 'ne Maus, den Faden konnte ich endlos weiterspinnen. Dieser Welt wurde spätestens beim Eintritt in die Schule die Tür mit einem lauten Knall geschlossen. Nur noch nachts im Traum, beim Spielen und heimlich konnte ich dort verweilen.

Die Tür dieses Raumes wurde für einen Bruchteil von Sekunden geöffnet, als mir 1979 die Tarotkarten zum ersten Mal begegneten. Nur so aus Spaß ließ ich mir die Karten legen und etwas mir Unbekanntes berührte mich und ließ mich dieses Erlebnis nicht mehr vergessen. Welche Kraft ging von dieser seltsam verschlüsselten Symbolsprache aus? Meine ersten Karten waren die von Arthur E. Waite, gemalt von Pamela Colman Smith. Immer häufiger begann ich mit diesen Karten zu spielen und las entsprechende Tarotbücher und Deutungen. Es elektrisierte mich. Ich wollte verstehen und verstand nichts. Ich fühlte, dass es hinter diesen Bildern noch andere Bilder und Schichten gibt. Dass sich hinter der Anordnung der Bilder, Zahlen, Elemente und Symbole ein Koordinatensystem eines mir unbekannten Raumes verbirgt. Dass das Ganze ein höchst komplexes Gewebe aus Mythen, Legenden, Wahrheiten und Weisheit aus der Menschheitsgeschichte darstellt. Als Malerin war es naheliegend, über den Weg des Malens in diese Geographie einzutauchen.

Das Deck beginnt mit dem Narren. Er ist der Archetypus des Kindes, bereit, der Welt unschuldig und offen zu begegnen. So setzte ich, ohne zu ahnen, auf welches Abenteuer ich mich einließ, meinen Fuß auf unbekannten Boden. Ich goss Farbe über weiße Pappe, benutzte Textilien mit Lochmuster als Schablone, sprühte mit Airbrush und Eiweißlasurfarben, ließ mich von dem Spiel des Zufalls anregen. Ließ mich treiben und Regeln und Absichten vergessen. Ein Teil von mir vergaß und ein Teil erinnerte sich. Kind sein – Spiel – Offenheit. Ich spürte über das Malen einen Hauch dieser närrischen Kraft, die mit konditionierten Denkstrukturen und Lebensmustern spielt, alles durcheinanderwirbelt, chaotisiert und Raum entstehen lässt für unverbrauchte frische Erfahrungen.

Auf diese Weise entstanden die ersten sechs Bilder, die als Tarotpostkarten in Frauen- und Esoterikbuchläden verkauft wurden. Ich bekam eine starke Resonanz. Es schien ein Bedürfnis nach weiblich inspirierten Interpretationen des Tarot zu geben. Ich verstehe mich als Malerin und Übersetzerin. Das heißt, ich bin an die

Struktur des Tarot gebunden, habe aber innerhalb dieses Musters die Freiheit, die Dinge neu zu gestalten. Ungefähr fünf Jahre meines Lebens sollten in diese Arbeit einfließen, doch alles, was ich plante und wollte, schien mir zu entgleiten. Ich musste mich auf andere Gesetzmäßigkeiten einlassen. Oft habe ich in diesem Prozess die Macht meiner Persönlichkeitsstruktur und die des Tarot unterschätzt. 22 Jahre liegen nun zwischen dem Narren und mir und wieder sitze ich vor einem weißen Blatt Papier, um dieses Mal über das Wort diesen Weg zu reflektieren.

Immer tiefer und feiner bin ich in die Welt des Mikrokosmos eingetaucht. Ich ging durch Körpergewebe, fühlte Nahtstellen, die unbekannte Landschaften und vertrautes Terrain zusammenhalten. Reiste durch Röhren und Höhlensysteme. Ließ mich von einem Puls bewegen, dessen Rhythmus mich mit Innen und Außen synchronisierte. Malte stundenlang, tagelang, monatelang winzige Punkte, ohne Plan, ohne Ziel. Fühlte die Angst, wenn mein Ich ein Teil der Formlosigkeit wird, alles verschwimmt und aus der Auflösung ein neues Strukturfragment entstand. Nahm wahr, wie ich versuchte, meine eigene Blindheit zu sehen. Lernte, wie aus Verspannung Spannung entsteht. Die winzigen Punkte schienen so harmlos, unbedeutend, geradezu langweilig, doch hatten sie die Kraft, mein Ich fein, fast unsichtbar zu schleifen. Es war, als würden meine

Gedanken, das innere Geplapper, mit einem großen Kamm geordnet und der Geist zur Ruhe gebracht. Mein Ich löste sich auf und ließ mich das Geheimnis bzw. die Essenz einer Karte durch Fühlen erfahren. Die Wahrnehmung wird wie bei einem äußerst komplexen Instrument immer differenzierter und nuancen-reicher. Immer genauer lernte ich in diesem Prozess wahrzunehmen, wann es wichtig ist, zu formen, und wann es Zeit wird, den formgebenden Kräften sich selbst zu überlassen. Nur da sein, warten, egal, ob es durch den finanziellen Druck manchmal an die Schmerzgrenzen geht, dem kreativen Teil ist das gleich. Wenn zwischen Tun – Wollen – Müssen eine Lücke entsteht, dann ist es da. Immer mehr lernte ich, mich wie eine Katze zu bewegen, die stundenlang vor sich hindösen kann und plötzlich bei einem kleinen unbekannten Geräusch ganz da und hellwach ist.

Einmal einatmen und ausatmen, alles wahrnehmen und in einer Sekunde liegt dein Lebensmuster transparent vor dir. Ich lernte Geduld, immer wieder scheitern und neu anfangen. Oft, wenn ein Bild nach monatelanger Arbeit fertig schien, alles wieder abwaschen, immer wieder, bis etwas in mir sagte, es stimmt (lass los). Es gab Momente, in denen meine Gefühle und Stimmungen die Ausmaße einer riesigen schwarzen Wolke annahmen, die jede Sicht nach innen und außen verdeckte. Es gab beglückende Momente, in denen ich mich einer Bewegung einfach nur hingeben konnte, Momente, in denen ich spürte, es gibt Dinge, die größer sind als mein Ich.

Das Malen veränderte fast unmerklich die Wahrnehmung. Ich sah Raster, in denen Bilder gefangen waren. Sah, wie das Auge sich öffnete und dreidimensionale Bilder auf der Netzhaut landeten, mit Bildern aus der Kindheit verschmolzen. Immer genauer lernte ich zu unterscheiden und fühlte den Raum, der dazwischen lag, sah, wie durch die Bewegung des Augenlids ein Bild zerstört wird und ein neues entsteht. Meine Malweise lässt sich mit einer Zen-Meditation vergleichen, die so geht: Du nimmst einen Topf mit Reiskörnern und schüttest ihn vor dir aus. Nimmst ein Reiskorn nach dem anderen und legst es in den Topf zurück. Wenn du merkst, du wirst ungeduldig, kippst du den Topf wieder aus und fängst von vorne an. Am Anfang denkst du dir immer noch tausend Geschichten aus, deine Gedanken gehen hin und her und versuchen sich an etwas Festem zu klammern. Es wird langweilig – sterbenslangweilig. Du nimmst ja nur eines nach dem anderen auf, nichts anderes. Du versuchst mit aller Kraft, deine Gedanken auf ein Reiskorn zu lenken. Dein Geist versucht, ruhig zu bleiben, und du gibst jedem Reiskorn zwischen Daumen und Zeigefinger eine Individualität. Er rutscht ab wie auf einer unsichtbaren vereisten Fläche, es ist, als hätten sich die Schwerpunkte verlagert. Du kommst ins

Taumeln, Schleudern, Träumen und landest auf einem anderen Punkt.

Durch den Rausch der Selbstbespiegelung nüchtern werden, das ist der Schlüssel, der die Türen öffnet. Wie durch ein kulturelles Mäanderwerk bekam ich durch das Tarot Einblick in unterschiedliche Kulturen, Religionen und Glaubensrichtungen. Es gibt viele Vermutungen, Erkenntnisse und Forschungen über die Herkunft und das Alter der Tarotkarten. Nichts davon lässt sich letztendlich eindeutig beweisen. Mir persönlich gefällt die Legende, dass das Tarot um vierzehnhundert durch Sinti und Roma aus Indien nach Europa gekommen ist. Auch ich fühle mich manchmal wie eine von ihnen, die außerhalb der Systeme reist.

Häufig werde ich gefragt: » … was machst du noch außer den Tarotkarten?« Nichts, antworte ich, und jedes Mal huscht ein leicht ungläubiges Entsetzen über die Gesichter. »Was, du lebst davon und machst nur das und sonst nichts?« Ja, sage ich, sonst nichts. Außer meiner Tochter Raum geben, damit sie wachsen konnte – einkaufen, waschen, putzen, kochen, Miete zahlen, Lösungen finden, wenn das Geld fehlt. Beziehungen erleben, erleiden, pflegen, sich mit Ängsten, Freuden, Projektionen auseinandersetzen, Feste feiern, Verstrickungen auflösen, neue Bindungen eingehen. Ja, das habe ich auch noch gemacht. Kurz gesagt, ich habe gelebt.

Die 22 Großen Arkanen

Mein Weg begann mit den 22 Großen Arkanen. Die erste Karte, 0, der Narr, wählte ich. Die anderen Karten entstanden nicht chronologisch, sondern wählten mich. Über Träume in einer völlig unwillkürlichen Reihenfolge. Z. B. 0 der Narr, II die Hohepriesterin, XII Prüfung/Heilung, III die Herrscherin, XVIII der Mond, XV der Teufel, XIII der Tod, usw. Jeder Versuch, nach meinen Ich-Vorstellungen und Wünschen eine Karte zu wählen, scheiterte. Viele Male bin ich gesprungen, ohne zu wissen, wo das Netz ist, und viele Male durfte ich erleben, dass etwas anderes als mein Ich Teil eines unsichtbaren Gewebes ist. Jede Karte der Großen Arkana zeigte mir Fragmente eines riesigen Gewebes, gewirkt aus Zeichen, Symbolen und Hieroglyphen. Den Anordnungen dieser Muster folgend, erfuhr ich die Kraft dieser Urbilder. Hierzu eine persönliche Geschichte: Als ich »Das Lebensrad« oder Rad des Schicksals malte, hatte sich der weiße Karton nach den vielen Malversuchen, dem Abwaschen und Trocknen, in eine nach innen gewölbte Form wie ein Konkavspiegel gebogen. Ich wollte die Arbeit an dem Bild aufgeben, kam nicht weiter und geriet in das Spannungsfeld von Machen, Wollen und Nicht-lassen-Können. Erschöpft schlief ich ein. Am nächsten Morgen ging ich wieder zu meinem Arbeitsplatz. Dort stand das Bild. Es war früh am Morgen und ich sah, wie ein paar Sonnenstrahlen über die Fläche tanzten und etwas sichtbar machten, das ich erst nach längerem Hinschauen bemerkte. Eine Spinne hatte, befestigt an den Ecken des nach innen gewölbten Bildes, ein perfektes wunderschönes Netz darüber gewebt. Die Sonnenstrahlen, das verwaschene Bild und das hauchdünne Netz darüber machten es mir unmöglich, das Bild anzurühren. Das berührte mich zutiefst und ich überließ mich einem anderen Prozess. Ich ließ das Bild ruhen. Nur das, was ich nicht machte oder dachte, das, was entstand, was das Spiel des Zufalls mir vor die Füße legte, schien mir echt und wirklich zu sein.

■ Der Narr

Du bist jung – weit weg von zu Haus –
Glitzernder Riss –
Himmel – Sonne – Wolken –
überschäumendes Wasser.
Die Elemente beim Spielen.
Blauer Atem.
Den Weg zu sich selbst riskieren.
Da, wo das Chaos beginnt, sich einlassen.
Wo du allein, ohne helfende Konvention
dem Leben gegenüberstehst.

Magie

Sonnenwinde streifen die Saite einer Sitar –
Gesänge der Vögel – Luft vibriert und pulsiert –
Es tönt durch die Maske – ICH BIN.
Die Seele gleitet in den Körper –
Immer neue Selbst-Gestaltung.
Wissen über die Essenz der Elemente.
Feuer – Erde – Luft – Wasser.
Quecksilbriger Tanz der Töne.
Erinnerung an das Einssein.
Hörbarer Atem
ICH BIN.

Die Hohepriesterin

Isis, Mondgöttin, Hüterin des kosmischen
Wissens,
verweilst im Tempel
der ewigen Wandlungen.
Visionen, die aus der Stille
geboren werden.
Bewegerin der Meere
und des roten Flusses.
Schwarzer Mond – weißer Mond –
Tiefes Einatmen – Ausatmen –
Ebbe und Flut –
Sehen, ohne zu urteilen.
Mutter der Zweiheit.
Manchmal schöpferisch, öffnet sie das Herz.

■ Die Herrscherin

Berge, wo Gräser und Bäume wachsen,
umgeben dich – Leere und Fülle.
Einen Platz einnehmen.
Entblößt und offen einen neuen Raum betreten –
Organische Wirklichkeit –
Ein Körper, der viele Sprachen versteht
und spricht.
Hingabe und Kreativität wird in der Mitte des Herzens
geboren.
Nahrung – Ernährung –
Quelle des Seins.

■ Der Herrscher

Es fängt zu Hause an –
Die Rüstung wird durchlöchert –
Erstarrung gelöst –
Über das Rot laufen.
Geburt eines authentischen ICHs –
frei vom Zwang, das eigene Fleisch
zu essen.
Eine Macht in uns, die
unbestechlich ist.
Sich selbst organisieren –
Aus dem scheinbaren Chaos,
die Dinge sich um den Nabel,
im Zentrum der Macht ordnen lassen.

Der Hierophant

Sternenkundiger, Priester, Schamane,
initiierst in die Abläufe der Planeten und die Weisheit der Schlange.
Hütest die Schlüssel zum Reich des Unbewussten.
Die Geste deiner Hand zeigt
deine Berufung.
Erleuchtet den Weg des Dienens wählen.
Leiden in Erkenntnis wandeln.
Wir werden mit dem Universum bekannt gemacht.
Ein Hauch kündet von deiner Existenz.

Die Liebenden

Seele, die unverhüllt in den Spiegel schaut.
Zwielicht – Zweifel – Zweiheit –
Doppeltes Sehen, Denken – Hören – Verwirrung.
Abwerfen von Identitäten – Abschälen einer alten Haut.
Begegnung mit dem NICHT-ICH.
Eine Blüte öffnet sich.
Die inneren Kräfte werden flüssig weich – beweglich –
Frische vibrierende Energie steigt den Rücken hoch.
Behutsame Begegnung jenseits der Gegensätze.
Ich und Du werden eins.

Wagenlenkerin

Zurückgehen, weit zurück.
Durch die Spiegel – nicht hängenbleiben

an unauflösbaren Knoten.
Weit zurück, hinter die Gegensatzpaare,
wo die schwarze und die weiße Katze
zu einem Punkt verschmelzen –
phosphoreszierendes Flimmern im
Mikrokosmos –
Die Nerven, ein feines System,
registrieren unbekannte Bewegungen.
Ein Gleiten und Fließen
ohne persönliches Gepäck.

■ Gerechtigkeit

Maat, Göttin der Gerechtigkeit –
prüft die Herzen.
Eine Kraft, die es wagt, den Schatten
der Unterwelt zu begegnen.
Sie, die die offen daliegende Seele
schonungslos untersucht.
Karmisches Gesetz von Ursache und Wirkung.
Ein lebendiger Prozess, der für
Gleichgewicht sorgt.

■ Die Alte

Das Alter als spirituelle Reise.
Seele, die durch das Ohrlabyrinth nach innen lauscht.
Auf die Stimme des Herzens – Ort der Erkenntnis und
Weisheit – hören.

Die alte Reisende, auf dem Weg zum
Einheitspunkt, wo die Berührung
mit der kosmischen Ganzheit stattfindet.
Flügelloses Fliegen
– gerade ins Herz –
jeder Schritt stimmt.

Rad des Lebens

Kreisend, kein Stillstand, kein Anfang, kein Ende,
Kreisend entkommst du nicht –
Kreisend – festhaltend im Glück,
festhaltend im Leid.
Umherirren im Magnetfeld des Kreisens –
Rundum läufst du, wieder verwundert, warum sich nichts löst.
Das Auftauen der blinden Liebe macht sehend.
Subtile Verschiebungen der Umlaufbahn.
Am Fluss findest du Antwort.

Kraft

Mit roter Farbe bemalt, tanzt sie in der Mitte.
Umgeben von einem feinen Netz von Kanälen links und rechts.
Im Muladhara – wo der Geist des Feuers lebt – inmitten der Flamme,
die seine Nahrung ist.
Sie ist der schöpferische Augenblick.

Wie ein Funke im Licht.
Ihr DA-SEIN ein fließendes
SICH-LOSLASSEN.

Prüfung

Ein Kind, geboren von Sonne und Mond.
So hängt es, mit dem Kopf nach unten.
Die Schnur ist unzerschnitten.
Eine machtvolle Erschütterung an den Wurzeln.
Entwicklungsgeschichte wird geschaut.
Feuer verbrennt Leidenschaft und
Verlangen.
Wasser reinigt und heilt. Fühlen ohne Echo.
Antworten aus den untersten Schichten unseres Wesens.
SICH HINGEBEN.

Tod

Eintritt in das Gestaltlose.
Wechseln der Kleider.
Flammen wie ein Sonnenuntergang.
Reise auf dem Pfad ins Nirgends.
Schlangenweisheit.
Der Faden zerschnitten – von nichts mehr
getrennt, dehnen wir uns aus.
Heraustreten aus sich selbst.
Tod, altes Weib,
mit deinem flammenden Mantel

nimmst du,
was verwandelt werden muss.

Grenzgängerin

Du bist Feuer und Wasser –
Kosmische Mischerin –
Vermittlerin zwischen persönlichen
und überpersönlichen Bereichen.
Regenbogenkörper.
Verwandelst die sieben Gifte
in die sieben Weisheiten.
Gereinigt stehst du zwischen
Tod und Teufel –
Und repräsentierst das Wissen
des Messens und der Zeiten.
Bist Gefäß und Inhalt,
der ständig wandelnde Fluss
der Lebensenergie.

Der Teufel

Verwirrung in der leidenschaftlichen Flamme –
Ängste und Begierden.
Immer dieselben Fragen und
keine Antworten
bezüglich der Schatten im Spiegel –
Rückspulen von Erinnerungen
und Emotionen – Fesselung der Fantasie.

Nur die Stimme des Hungers
und des Durstes kann gehört werden.
Denken wird unpersönlich – mechanisch – voraussagbar –
Missbrauchte Schönheit – Trennung von uns selbst.
Im geschärften Blick, da, wo der Punkt der Brillanz ist,
öffnen sich neue Perspektiven.

■ Der Turm

Tosen eines ungeheuren Sturms –
Blitz und Donner – Gewalt der Elemente –
Abgründe tun sich auf –
keine Möglichkeit zu entkommen.
Eiskalte Hagelstürme und glühendheißes Lavagestein –
Grauenhaftes Schreien körperloser Wesen – kein Halt –
Nichts ist mehr so, wie es war.
Feuriger Atem – die Psychobühne wird leergefegt.
Trennung von einengenden Mustern.
Ein Sprung in den zuckenden
roten Himmel.

■ Der Stern

Alles ist geschmolzen – zu einer
allumfassenden Landschaft
aus weißem Licht.
Funkelnd, klar, strahlend,
durchscheinend und
perlmuttschimmernd –

In ständiger Bewegung.
Die innere Schönheit, Seele,
Kind der Sterne,
ist sich jeder Geste ihrer Hände bewusst,
wenn sie das Wasser aus der Quelle schöpft und die Erde tränkt.
Der Weg ist gesegnet,
heilendes, kühles Licht auf brennende Wunden.

Der Mond

Ein stilles Wesen ertastet den Weg vom Meer des Unbewussten
zu den Bergen des Wissens.
Mondin – in deinem Licht zeigst du behutsam das
Entflechten – Auflösen – und
Verflüssigen
illusorischer Erscheinungen.
Der Verstand,
Hüter der kausalen Gesetze,
tritt zurück.
Andere Wirklichkeiten dehnen sich aus.
Was als schädlich verdrängt
und tabuisiert wurde,
darf hochkommen.
Das Salz der Tränen wandelt sich
in kostbare
alchimistische Essenz.

Die Sonne

Hell – weißgewordener Klang –
singend erscheinst du auf der Nahtstelle zwischen Tag und Nacht.
Kosmische gelbhäutige Göttin,
weit entfernt
berührst du mit deinen Strahlen das Geflecht in uns,
das nach dir benannt wird.
Pulsierender Organismus, beleuchtest die dunklen und die hellen Seiten der Welt – keine ist anziehender als die andere.
Siehst, was in der Ferne geschieht und im Inneren vor sich geht.
Modellierst die sichtbare Welt. Getrenntes fügst du zusammen,
was du berührst,
verwandelt sich.

Erneuerung

Die Wahrnehmung des Geistes
wandelt sich
von Augenblick zu Augenblick.
Gelassen – offen und entspannt.
Die Tür zur Transzendenz öffnet sich –
Ein haarfeiner Riss im dunklen, engen Käfig.
Das Unerwartete willkommen heißen.
Alle Muskeln und Organe lassen los.
Jede Zelle von Atem gereinigt und mit
Sonnenlicht gefüllt.

Spiralförmig kreisend.
Immer wieder triffst du dich selbst –
Berührst deine eigene Existenz.

Die Welt

Kreisend am äußersten Rand –
zerbrechliche Muster des Lebens –
sich auflösend im flackernden Licht.
Innerer Rhythmus von langsamen Wellen,
die sich im Himmel brechen.
An keine Ordnung gebunden,
erfüllt vom Geist des Windes –
erscheint eine Gestalt unverhüllt
tanzend
ins Zentrum zum Punkt,
das letzte Zeichen
vor dem Nichts.

Die Hofkarten

Traditionelle Bezeichnungen der Hofkarten: Königin – König – Ritter – Page/Bube oder Königin – König – Prinz – Prinzessin usw.

Die Hofkarten oder Persönlichkeitskarten kann man auch als Elemente-Familien sehen.

Bewusst habe ich mich für die Begriffe Mutter – Vater – Tochter – Sohn, entschieden. Sie sind uns am nächsten. Sie sind unser Mandala, unsere Sphäre. Auch wenn sie weit entfernt von uns sind oder wir sie weit weg wünschen – tragen wir einen Teil dieser Familienschwingung in uns. Ich gebrauche die Bezeichnungen Mutter – Vater – Tochter – Sohn als real existierende Gegebenheiten und als Metapher. Eine Metapher ist eine Brücke, manchmal muss man sich weit entfernen, alles vergessen, um eine Brücke zu sich selbst zu finden. Die Familie ist nicht alles, aber doch ein Teil des Stoffes, aus dem wir gemacht sind.

Die Hofkarten liegen in der Mitte zwischen Großer und Kleiner Arkana. Wenn die Großen Arkanen uns mit den Geschichten – Mythen – Weisheitslehren der Menschheitsgeschichte verbinden, sind die Hof- oder Persönlichkeitskarten das soziale Netz, die Vermittler, die für Kommunikation und Austausch sorgen. Im Körper sorgen sie für den Stoffwechsel der Organe, koordinieren Bewegungsabläufe, schicken Botenstoffe und Nachrichten durch das Nervensystem. Sie steuern unsere Gefühle wie Wut, Liebe, Trauer. Sie sind die Grundlage, die Basis des Austauschs, des Zusammenhalts und der Zugehörigkeit.

Ihre Essenz sind die vier Elemente. Vier ist eine Ordnungs- und Strukturzahl, bei den Hofkarten sind es 4 x 4. In den Vieren gibt es das Weibliche, repräsentiert durch Mutter und Tochter, und das Männliche, repräsentiert durch Vater und Sohn. Über das Malen habe ich versucht, alle Festlegungen, Standards und kulturelle Konditionierungen abzulegen. Die Prägungen männlich-weiblich lassen sich über diesen Weg unvoreingenommener erleben.

Zum Thema weiblich-männlich möchte ich folgende Legende erzählen: Als die Urmutter – Göttin – die Menschen hervorbrachte, beauftragte sie die Frauen und Männer, sich auf den Weg zu machen in die Zeit. Den Frauen sagte sie, wohin es geht, und den Männern sagte sie, wie man den Weg findet. Die Tatsache, dass ein Mann immer wieder durch eine Frau geboren wird, scheint für (einige) Männer ein so fundamentales Problem zu sein, dass daraus viele theoretische Konstruktionen entstanden sind. Das Problem entsteht, wenn Frauen und Männer die Fähigkeit verlieren, sich zu verständigen. Dann gehen die Männer mit hoher Effektivität im Kreis herum. Sie wissen, wie man es macht, nur sie kommen nirgendwo an. Nach der Legende von Ariadne, die Theseus den roten Faden gab, könnte man sagen, historisch haben die Männer den roten Faden verloren.

Die Hofkarten / Familienkarten

■ Mutter der Münzen

Mutter der Erde bin ich. Mein Sein ist geprägt von Wachstum und Zerfall. Mein Körper, mein Blick, wach und präsent. Das Leben zeichnete mich mit feinen Linien, verwob mich mit Bäumen, Blumen, Früchten, Pflanzen, Tieren und mit dem Organismus der Erde, die uns hervorbrachte.

Nahrungsspendende bin ich und ich bringe das Fleisch auf die Knochen. Auf die Wechsel des Mondes antwortet mein Körper mit roten Linien. Ich wohne in den Füßen, den Beinen, dem Becken, dem Bauch, den Organen, den Sehnen und Gelenken, den Armen und Händen, im Herz und im Kopf. Ich kenne die Wege. Das kreisende Pulsieren des Blutes. Das Filigran der Nerven. Man findet mich auf Märkten, an den Schaltstellen der Geld- und Warenströme, auf Feldern, in Gärten. Ich kenne die Macht der Münzen, beide Seiten – Reichtum und Armut, Anhäufung und Mangel.

Ich bin Wiegende – Ruhende – Stillende – Sammlerin – Heilerin – Genießerin. Wirke auf das, was noch nicht in Erscheinung getreten ist. Ich bin die eingerollte Schlange am Ende der Knochenwirbel, wenn sie sich entrollt, zittert das Gras.

Mein Mann, dessen Körperhaftigkeit der meinen gleicht, baute mir ein Boot, das mich über den Fluss bringt.

■ Vater der Münzen

Zu der Frau, die mich hervorbrachte, fühle ich eine starke Anziehung. Ein Teil meines Seins wollte dort bleiben. Aber die Gesetze der Evolution forderten andere Maßnahmen. Mein Geist versuchte, dieses unerfüllte Verlangen zu verstehen. Er zähmte mein Begehren, mein Verlangen und meinen Körper, getrieben durch das Gefühl des Getrenntseins zügelte ich das, was Trieb und Instinkt genannt wird. Aus einer tiefen Verletzung und Traurigkeit schuf ich mächtige Gebäude, baute Kathedralen und schraubte mich in den Himmel. Ich pflege und kultiviere das Land, baue Gärten, Terrassen und bestelle die Felder, sorge für Nahrung. Entdecke unbekannte Kontinente und grabe nach den Schätzen der Erde. Horte und verteile, wenn mich die Gier reitet, töte ich. Meine Herkunft und meine Wurzeln vergessend, werde ich grausam. Meiner Zugehörigkeit bewusst, stelle ich meine Fähigkeiten in den Dienst der Gemeinschaft. Die Frau, die ich meine Gefährtin nenne, hob den Schleier meiner Verblendungen.

■ Tochter der Münzen

Meine Mutter schenkte mir Vertrauen.
Mein Vater Vitalität.
Mein Bruder Grenzen.

Vier Tage verbrachte ich in einer Höhle. Fasten und Meditation klärten meinen Geist. Eine Rassel, gefüllt mit Kristallen, ließ mich das Gedächtnis und die Sprache meines Körpers verstehen. Ich erinnerte mich an all die Formen und Gestaltungen, die ich einmal war.

Ich bin die Tochter der Sinne – der Besinnung. Vertieft in die Archäologie meines Stammlandes ging ich viele Wege. Kreisförmig, spiralförmig erfuhr ich mich über die Schichten meines Seins. Ging durch Wüsten, bewohnte und unbewohnte Landschaften. Ich nährte mich von Pflanzen und heilte mich mit Kräutern. Mein Geist wurde klar und rein wie ein Kristall. Ich bin nackt und allein, doch nicht einsam. Durch eine Yogahaltung, genannt der Baum, bin ich verbunden mit dem Reichtum des Yogawissens meiner Mütter und Väter. Ich bringe mich ins Gleichgewicht, ordne Geist und Körper – innen und außen. Verbinde Wurzel, Stamm und Krone.

■ **Sohn der Münzen**

Meine Mutter gab mir Geborgenheit und das Wissen über Wachstumsprozesse.

Mein Vater zeigte mir, wie ich meiner Kraft Struktur gebe.

Meine Schwester initiierte mich in die Gesetze der Metamorphose.

Alte Prägungen wahrnehmend, vermied ich die Gewohnheit sinnloser Kreisläufe.

Die Rüstung meiner Väter habe ich abgelegt, um nach innen fühlend, die Panzer meiner Muskeln aus der Erstarrung zu lösen. Über den Weg des Yogawissens überlasse ich mich meinem Körper. Die schablonenhafte Welt meiner Vorstellungen verliert ihre Festigkeit. Am heiligen Knochen am Ende meines Rückens schalten sich neue Verbindungslinien. Dem Weg dieser Kraft folgend, spüre ich das Weiche und Schwache. Meine Grenzen verschieben sich. Mit Respekt und Achtsamkeit öffne ich mich für neue Begegnungen. …

■ Mutter der Flammen

Ich bin die Flamme, die aus der Flamme kommt. Alle Schlacken hat das Feuer verzehrt und mein Herz ist rein wie Gold.

Tigerreiterin bin ich und zerreiße die Muster, die mich am spontanen Ausdruck meines Seins hindern. In meinen Nerven und Muskeln wohnt die Lust. Wellenartige Rhythmen nehmen mich mit. Ich bin das königliche Rot. Die Mutter aller Farben. Barfuß, Funken aus der Erde stampfend, verbrenne und verwandle ich die Nahrungsstoffe in den Eingeweiden. Hass verwandle ich in Liebe, Neid und Gier in Mitgefühl. In schwarze Lavaerde setze ich hellgrüne Pflanzen.

Im Flammenfluss unendlicher Gestaltungen erscheine ich mit einer Schale, gefüllt mit Blut und Ketten aus Totenschädeln an Straßenkreuzungen und Autobahnen. Ich bin Komödiantin und liebe das Schauspiel. Wechsle Masken und Kleider und bin doch unverhüllt.

Die Sonne gießt ihr goldenes Licht über mich und macht meine Gestalt glänzend. Mit der Göttin Tabu verhandle ich jeden Tag aufs Neue. Wer mich nährt, dem schenke ich Lust und Ekstase. Von dem Mann der Flammen nehme ich das, was ich zu meiner Verwirklichung brauche.

Vater der Flammen

Aus der Flamme kommend, ist mein Geist ein Feuerwerk am nächtlichen Himmel. Funkenregen, Feuerexplosion, gebündelte und auseinanderfallende Feuertropfen. Eine wogende Feuerwelle spült Bilder aus dem Reich des Unbewussten. Ein endloser Strom von Bildschichten, halb zerfetzt, halb verbrannt. Bilder von ineinander verschlungenen Raubtieren, Masken, Fratzen, Engeln und Teufeln. Eins das andere verzehrend und wieder ausscheidend. Bilder in rasender Geschwindigkeit. Kaskadenartiger Funkenregen gestaltet neue Inszenierungen. Bilder von ineinander verschlungenen Körpern. Eins gebärt das nächste. Shiva, der indische Gott, der die Welt tanzend erschuf, Symbol für Zeugungs- und Schöpferkraft. Feuerexplosionen lösen mich aus den Haltegriffen. Ich werde Funke, verschmelze mit der Bilderwelle, verbrenne meine alte Umlaufbahn, bin Teil des Kreislaufs von Auflösung und Erneuerung, Teil des reinigenden Feuers. Helle Lichtsegel fließen durch meine Adern. Meine Flamme reinigt und strukturiert, lässt Raum entstehen für Unvoreingenommenheit und unverbrauchte Wahrnehmung. Meine Geliebte, die Feurige, befreite mich von dem Gefühl des Getrenntseins.

■ Tochter der Flammen

Von meiner Mutter bekam ich den Gesang. Von meinem Vater Inspiration.

Mein Bruder gab mir den Rhythmus.

Mein Körper ist durch Hitze und Rhythmus fließend geworden. Winzige Licht-, Luft- und Feuerpartikel elektrisieren meine Lebenssphäre. Ich webe aus ihrem Licht seidene Melodien. Jenseits alter Gewohnheitsmuster an der Peripherie tanzend, fühle ich mich mit meinem Kern verbunden. Ins Zentrum springend bin ich eins mit allem, was außerhalb meiner Wahrnehmung ist. Tigermilch nährte mich und machte mich stark und ich bündelte die zittrigen Lichtfäden aus meinem Dreieck. Tanzend verschieben sich meine Begrenzungen und die Blume in meiner Brust öffnet sich. Ich breite die Arme aus und umarme die Welt.

■ Sohn der Flammen

Meine Mutter gab mir Wärme.

Mein Vater zeigte mir, wie ich meine Hitze lenken kann.

Meine Schwester weckte in mir Schönheit und Anmut.

Meine Flamme heißt Erkenntnis, denn sie kommt aus dem Goldglanz meiner Mutter. Ich gehe den Weg des Herzens, des Lachens und der Lust. Verehrer der Liebeslust heiße ich, wenn mein Feuer durch den gesamten Organismus fließt.

Ich bin der Trommler und diene einer Kraft, die über mich hinaus reicht. Die Geschichte meines Clans, meiner Sippe, meines Volkes erzähle ich mit meiner Trommel. Die Feuerzungen beginnen zu sprechen, wenn mich die Trommel reitet.

Im Raum der Distanz bin ich der Katalysator. Ich trommle die Gefühle aus den Eingeweiden und dem Bauch und bringe die Menschen zum Zucken, Vibrieren, Zittern, Kreisen und Tanzen. Meine Sprache ist leicht, einfach, direkt und unmittelbar.

Mutter der Kelche

Aus dem Fließenden bin ich hervorgegangen in jeglicher Gestalt. Als Regen die Mutter der Fruchtbarkeit. Als Fluss schaffe ich Verbindungen und bin überall. Als Meer bin ich die Mutter, die das Leben hervorbringt. Als Quelle Mutter des Ursprungs. Als Tautropfen die Tränen der Nacht. Als Träne die Mutter der Trauer. Als Schweiß und Urin die, die das Toxische wegspült.

Ich bin die Reinigende, die Fließende in den Körpern.

Als Mischerin der Liebenden mixe ich die Konsistenz der Sekrete.

Ich nähre, fühle, bin weich und fließend.

Als Träumerin bringe ich das tief Verborgene an Land.

Als Spiegelnde zeige ich die Stimmungen und Gefühle.

Als Mitfühlende zeige ich die Schönheit zerfließender Täuschungen.

Ich bin die Schillernde, Verführende, Täuschende, Trübende und Klärende.

Wer mich halten will, dem fließe ich davon.

Wer sich in meiner Oberfläche spiegelt, sieht, was er zu erkennen vermag.

Wer mich berührt, wird fühlend.

Wer sich in mich fallen lässt, dem gewähre ich tiefe Einsichten.

Mein Mann, der Fließende, erzählte mir, dass der Mond auf meiner Oberfläche eine Spiegelung ist.

■ Vater der Kelche

Ohne mich zu verlieren, passe ich mich allen Bewegungen des Wassers an. Versunken in einen Zustand von Wachheit, betrete ich einen Raum, der aus dem auslaufenden Strom meiner Selbstgespräche entsteht. Den nie endenden Durst konnte ich zähmen. Ich reite mein Pferd ohne Zügel. Durch Schweigen verstehe ich die vielfältigen Gesänge und Sprachen des Wassers. Ich durchschwamm den Fluss des Vergessens. Ich fühle die Einheit, während mein Ich kristalline Landschaften baut. Ich aß von der Frucht der Erkenntnis und die Gewebe meines Organismus geben Bilder frei.

Aus Neurosen wuchsen Rosen. Ich schwamm durch das Labyrinth des Erlernten und berührte behutsam das Krustentier am Ufer des Meeres. Zärtlichkeit fließt durch meine Bahnen. Ich wurde zum Teilnehmenden, Empfangenden, Wahrnehmenden und Gebenden.

Meine Frau, die Fließende, ließ mich wissen, dass unter der Wasseroberfläche Tiefen, Höhlen und Schluchten verborgen sind. Durch ihr schimmerndes Perlmutt glitt ich auf den Grund.

Tochter der Kelche

Meine Mutter gab mir Gelassenheit und Hingabe.
Mein Vater schenkte mir Tränen.
Mein Bruder Mitgefühl.

Geborgen, in meinem Schatten ruhend, lasse ich mich treiben und komme ans Ziel. Das Ziel liegt in mir und getragen werde ich vom NICHT TUN. Wellenlinien, Zeichen und Symbole senden meinen Hirnhälften Botschaften aus dem Reich der Gegensätze. Durch die Poren meiner Seelenhaut höre ich die leisen, feinen Chöre pulsierender Rhythmen des Wassers. Musik fließt durch das Flechtwerk meiner Nerven und Adern. Auf den Wellenmustern meiner Haut reise ich und sehe mich selbst durch die Augen der anderen. Ich reise zum Haus meiner Angst und der versteckten Gefühle, wohl ahnend, dass dort meine Schwester, die Freiheit, lebt. Eine alte Wirklichkeit löst sich auf. Geht zu-grunde. Winzige kleine Spukgestalten, verborgen in den Falten des Zwerchfells, verlieren sich in tanzenden Schwärmen im Wind. Ich fühle, dass alles Lebendige im Fluss ist und mich zu meiner kreativen Quelle bringt.

■ Sohn der Kelche

Meine Mutter gab mir Empfindsamkeit.
Mein Vater lehrte mich die Sprachen des Wassers.
Meine Schwester, rein wie eine Lotosblüte, gab mir Zärtlichkeit.

Ich trinke und trinke, und doch kann kein Wasser meinen Durst löschen. Alle Spiegelungen auf meiner Haut sind mir vertraut. Manchmal sehe ich meinen Vater, den Wohnort meiner Mutter habe ich vergessen. Wie das Blatt einer Blüte treibe ich auf den Wellen der Selbsterinnerung. Im Dunkel der Nacht fühle ich den Grund, und die Architektur meiner Gedanken verschwimmt. Am Tag hat das scharfe Messer meines Verstandes mich getrennt. Ich fühle mich traurig und verberge es. Die Dämmerung lässt mich zur Ruhe kommen. Die Kontrolle schläft und ich wage den Sprung durch die Spiegelungen. Ich lasse mich fallen, mein Panzer wird schuppig und weich. Den Spuren Tausender winziger Luftperlen folgend, sinke ich auf den Grund, mit dem verschmelzend, was auf mich wartet.

Mutter der Federn

Ich bin die Mutter aller Bewegungen. Unsichtbar bewege ich mich in alle Richtungen und hinterlasse keine Spuren. Ich spiele mit den Blättern der Bäume und trockne die Wäsche im Wind. Mein Geist ist in allem präsent. Kein Gefängnis kann mich halten, denn ich durchdringe alle Begrenzungen. Mit scharfem Schwert zerhacke ich die unersättlichen, grübelnden, sich zwanghaft im Kreis drehenden diskursiven Hirngespinste. Ich blicke nach innen und außen. Sehe neue, frisch geschlüpfte, noch feuchte Gedanken. Zart, transparent, sich ordnend zu Federn, Gefieder, Schwingen der Schwäne, durch die Luft singend, das Glück der Zugehörigkeit atmend. Mit unsichtbaren Fäden webe ich die Leinwand unserer Projektionen. Ich bin die Unbestechliche und erkenne die Wahrheit der Worte im Keim.

Von meinem Mann, dem alles Durchdringenden, nahm ich den warmen Luftstrom seines Atems.

Vater der Federn

Als feuriger Atem verließ ich den Rachen des grünen Löwen, zur Sonne fliegend. Mit bleiernem Gefieder fiel ich zurück, auf die, die mich gebar. Gespiegelt im Schwarz der Pupille einer zahnlosen Alten, hockend zwischen Spucknapf und Spiritus, sah ich mich gefangen im Uterus meiner Ideologien. Sah die Hypnosen der Bilder. Blasse, blutleere Gestalten huschten durch die

Windungen meines Hirns und stellten mir Fragen, deren Antworten sie bereits wussten. Endlose Wortkonstruktionen, eine verschachtelt in der anderen, konnten mich nicht mehr verwirren. Ich fühle die Wandlungen meiner Identitäten. Wolkentheater, melodramatisch und komisch. Sah auf ihrem fächerartigen Gefieder ein regenbogenartiges Flimmern.

Zwischen entstehenden und sterbenden Gedanken komme ich zur Stille. Fühle Ruhe und Entspannung in Viereck und Kreis. Worte, scharf geschliffen wie Schwerter, warten auf mich, wenn die Notwendigkeit ihrer bedarf.

Von meiner Frau, der alles Durchdringenden, erfuhr ich, dass das Geheimnis in der Klarheit zu finden ist.

■ Tochter der Federn

Von meiner Mutter bekam ich Raum und Beweglichkeit. Mein Vater gab mir die Fähigkeit des Unterscheidens. Mein Bruder gab mir Achtsamkeit.

Rechte Hirnhälfte weiblich – linke Hirnhälfte männlich. Männlich aggressiv und kriegerisch, weiblich empfangend und aufbauend. Sonne männlich – Mond weiblich. Wasser weich – Metall hart. Tag hell – Nacht dunkel. Wahrheit gut – Lüge schlecht.

Ich tanze und springe hin und her, schüttel alles durcheinander. Bin immer in Bewegung und puste den Staub von erstarrten Denkschablonen. Meine alten negativen Projektionen füttere ich mit Bewegung. Nichts setzt Staub an, nichts verhärtet sich, nichts erstarrt. Mein Geist ist geschmeidig und weich wie der Wind. Schwerelos fokussiere ich meine Gedanken, mühelos erreiche ich mein Ziel. Ich springe vom Konkreten zum Abstrakten. Bewohnte Haltungen habe ich verlassen und mit jedem Atemzug erlebe ich mich neu.

Sohn der Federn

Meine Mutter gab mir ein scharfes Schwert, um
unheilvolle Verstrickungen zu durchtrennen.
Mein Vater gab mir einen Kompass und erzählte mir
vom Ost-, Süd-, West- und Nordwind.
Meine Schwester gab mir Mut für den Sprung ins
Unerkannte.

Schneeweiß und makellos gestrichen ist mein Raum. Im Lotossitz meditierend, bringe ich mich vom Beta- zum Alpha-Rhythmus. Mit langsam werdender Geschwindigkeit laufe ich durch die Geschichte. Ich sehe den alten Krieger. Im Drachenblut badend, wähnte er sich unverwundbar, und starb doch durch den Speer seines Schattens, als er aus der Quelle trank.

Sehend wurde der Heros seiner Wichtigkeit beraubt. Erkennend sah ich die Vorstellung hinter dem Vorgestellten.

Atmend nehme ich die Dinge so wahr, wie sie sind.

Mein zu einem Punkt kondensiertem Ich ist alles von gleicher Gültigkeit.

Geschlüpft durch die feinen Maschen der Vorstellungen, tanzt es frei im Raum.

Die Zahlenkarten

Alle 78 Karten beziehen sich aufeinander bzw. sind miteinander verbunden. Wo die großen Arkanen die transpersonalen Seins-Erfahrungen versinnbildlichen, die Hof- bzw. Persönlichkeits-, Familien- oder Clankarten das soziale Netz zeigen, werden bei den Kleinen Arkanen die vielfältigen Ebenen des Alltags thematisiert. Die Erfahrungen und das Sein im Alltag sind mächtig und die Suche nach einem Ausgang sinnlos, wenn nicht daraus das Finden eines Eingangs entsteht. Die Kleinen Arkanen machen uns die Art und Weise, wie wir im Alltag agieren und reagieren, bewusst. Hier geht es um das, was du fühlst, wie du fühlst, wie und wo du nicht fühlst, und wie du mit deinen und den Gefühlen deiner Mitmenschen umgehst. Sie spiegeln unser Rollenverhalten, bewusste und unbewusste Selbstbilder und soziale Verhaltens- und Beziehungsmuster. Auf der existentiellen Ebene zeigen sie unseren Körper und das Körperbewusstsein. Auch über die Beschaffenheit unserer Projektionen, Wünsche, Ängste und Hoffnungen können wir Einblicke bekommen. Kurz gesagt, über all das, was den Alltag ausmacht.

So wie ein Daumenabdruck bei genauerem Hinsehen sich von jedem Menschen unterscheidet, so wird auch die Alltagserfahrung jedes Menschen unterschiedlich erlebt, gelebt und wahrgenommen.

Durch das Betrachten der Bilder entstehen eigene Bild-Assoziationen, die wiederum auf Körper, Gefühl und Bewusstsein wirken. Mit Hilfe der Karten können wir zwei verschiedene Perspektiven erkennen. Du als die Betrachtende bist zugleich auch die, die dich betrachtet. So wird es möglich, blinde Flecken zu erkennen und Lösungen zu sehen, die im nicht sichtbaren Bereich liegen. Ein schönes Bild dafür ist der Kristall (Diamant), der dich in seinen unterschiedlichen Facetten spiegelt.

In dem Wort „Alltag" ist zugleich auch das Wort All – Kosmos, enthalten, das Weltraum, Weltall als geordnetes Ganzes heißt. Alltag bedeutet auch, dass sich bestimmte Tätigkeiten in geordneten Zeitabläufen wiederholen. Wie Waschen, Zähneputzen, Essen, Trinken, Verdauen, Atmen, Gehen, Sitzen, Stehen, Liegen, Sprechen, Sehen. Durch die Wiederholungen werden die Vorgänge automatisch, mechanisch, unbewusst, werden zu unbewohnten weißen Flecken auf unserer Landkarte. Es heißt, 10 Prozent unseres Potenzials nutzen wir bewusst, die restlichen 90 Prozent werden vom Unterbewusstsein gesteuert.

Mit Hilfe der Karten können wir ausgegrenzte Wahrnehmungen und Schattenexistenzen ins Bewusstsein holen. Bilder können hypnotisieren und Hypnosen auflösen.

Symbole wirken auf verschiedene Schichten, auch auf der körperlichen Ebene. Dort wirken sie besonders intensiv, denn dort wurden sie uns schon sehr früh, als die Wahrnehmung noch ungeformt und offen war, eingestanzt und eingepresst. Solange, bis sie uns in Fleisch und Blut übergegangen sind. So ist das, was Ich genannt wird, häufig so stark mit Bildern besetzt, dass es nicht so genau weiß, was dieses Ich eigentlich ist.

Die vier Elemente

■ **Das Element Erde** wird durch Münzen oder Scheiben symbolisiert.

Aus dem Erdelement wächst alles und das Erdelement ist alles. Der Baum, der aus der Erde wächst, wird wieder zu Erde. Die Menschen, Häuser, Pflanzen, Tiere, alles wird zur Erde, um erneut daraus zu wachsen. Alles, was an Materie da ist, ist von dieser Erde. Es gibt nichts anderes außer den Meteoriten.

Auf der Körperebene ist die Erde alles Feste, Schwere. Knochen, Organe, Fleisch, Haare, Zähne.

Auf der geistig-psychischen Ebene: Geborgenheit, Wohlstand, Vertrauen, Armut, Reichtum, Ausdauer, Körperbewusstsein, Körperwahrnehmung, Habsucht, Besitz.

Auf der Beziehungsebene: konstante Beziehungen, Sinnlichkeit, Berührung, das Verhältnis von Geben und Nehmen, Austausch, Handel (Geld).

■ **Das Element Feuer:** Traditionelle Symbolik: Der Stab – hier: die Flamme – symbolisiert Wachstum, Sonne, Licht. Feuer ist dynamisch, expansiv, wild, zerstörerisch, reinigend, Hitze, Licht, Erleuchtung. Das Feuer braucht Stoff (Materie), damit es brennen kann. Reife, Wachstumsprozesse, Sonne, Licht.

Auf der Körperebene: Reifungs-, Verdauungsprozesse, Hitze, Wärme, Verwandlung und Verbrennung von Nahrungsstoffen, Sexualität, Bewegung, Energie.

Auf der geistig-psychischen Ebene: schnelles Handeln, körperliche Kraft, Liebe, Wut, Körperausdruck, Transformation von Gefühlen, Imagination.

Auf der Beziehungsebene: Sexualität, Nähe, Inspiration, Feiern, Singen, Tanzen, Kreativität.

- **Das Element Luft:** Traditionelle Symbolik: Schwert – Feder. Das Element Luft ist grenzenlos, Bewegung, Leichtigkeit, unsichtbar.

Auf der Körperebene: der Atem, Atembewegungen im Körper.

Auf der geistig-psychischen Ebene: Gedanken, die Art der Gedanken, umfasst das ganze Spektrum der Gedanken, die Auswirkung der Gedanken, heiter, fröhlich, gedrückt, depressiv, diskursives Denken, innere Dialogie, analytisches Denken, Telepathie, Vorstellungen.

Auf der Beziehungsebene: Austausch über Sprache, Projektionen, geistige Kommunikation.

- **Das Element Wasser:** Traditionelle Symbolik: Kelch – Lotos, Muschel. Das Wasser wird immer wieder zu Wasser. Es verdunstet, wird zu Wolken, Regen, Fluss, Meer, Quelle, es ist immer als Wasser da.

Auf der Körperebene: das Flüssige, Blut, Speichel, Urin, Tränen, Schweiß, Menstruationsblut, Samen, Sekrete.

Auf der geistig-psychischen Ebene: Träume, Intuition, Gefühle, Stimmungen, Liebe, Trauer, Angst, Offenheit, Reflexion.

Auf der Beziehungsebene: Berührungen, Hingabe, Freude, Austausch auf Gefühlsebenen.

Der Geist: Der Raum, in dem sich alles abspielt, ist der Geist. In dem Moment, wo sich nichts abspielt, ist er leer. Wenn der Geist sich mit dem Feuer beschäftigt, ist er der Geist des Feuers. Wenn der Geist sich mit Essen beschäftigt, ist der Geist Essen. Der Geist ist im Körper und außerhalb des Körpers. Der Geist ist ein grenzenloser Raum, der dich spiegelt, so wie du bist, ohne zu werten, ohne zu urteilen. In deinem Geist spielen sich die Geräusche ab, das, was du hörst, siehst, fühlst. Er kann sich verdichten und winzig klein sein und sich ausdehnen und der unendliche Raum werden.

Die Zahlen

Die Zahlen setzen Grenzen. Sie sind Fixpunkte im unendlichen Raum. Durch die Zahlen entstehen Rhythmus und Struktur. Sie sind Maß- und Messeinheiten. Die Zahlen im Tarot sind wie Gefäße, die den Inhalt durch ihre speziellen Eigenschaften modellieren bzw. ihm einen Charakter geben.

Die Zahl Eins ist aufgrund ihrer Unteilbarkeit das Eine, aus dem alles hervorkommt. Sie wird im Tarot das Ass genannt. Das Ass zeigt in konzentrierter Form die Eigenschaften der vier Elemente.

Die Zahl Zwei, aus der Eins bzw. dem Ass hervorgekommen, wird das Gegenüber zur Eins. Der Gegensatz oder Gegenpol.

Die Zahl Drei ist der Anfang von etwas Neuem. Hierzu ein wunderschönes Zitat von Laotse: »Die Eins erzeugt die Zwei, die Zwei erzeugt die Drei, und die Drei erzeugt alle Dinge.«

Die Zahl Vier ist eine Ordnungs- und Strukturzahl, z. B. die vier Elemente, vier Jahreszeiten, vier Himmelsrichtungen, vier Charakter- bzw. Persönlichkeitstypen, vier Temperamente.

Das ordnende Prinzip. Das Quadrat ist das Symbol für das Element Erde.

Die Zahl Fünf ist ein Quadrat mit einem Punkt, der zum Element Erde eine kosmische Dimension dazu bringt.

Pyramide, Fünfstern bzw. Pentagramm. Im Tarot ist die Fünf eine Zahl des Übergangs, verlässt sie doch die sicher geordnete Vier und wird mit Unruhe, Chaos, Angst, Trauer in Verbindung gebracht. Sie fordert dazu auf, fest gefügte Strukturen zu verlassen, damit die Dinge in Bewegung kommen. So ist sie die Zahl des Lebendigen.

Die Zahl Sechs (Harmonie) hat als Grundform ein Dreieck, mit der Spitze nach oben weisend, Symbol für männlich, und ein Dreieck, mit der Spitze nach unten weisend, Symbol für weiblich. Gegensätze, die sich harmonisch miteinander verbinden.

Die Zahl Sieben, die Zahl des Geheimnisvollen, des Rätsel, des Paradox. Sie ist die Zahl der Veränderungen, Wandlungen. Alle sieben Jahre ändern bzw. wandeln sich die Zellen im menschlichen Körper. Eine Woche hat sieben Tage. Quadrat und Dreieck.

Die Zahl Acht ist 2 x 4 oder die liegende Acht, die Lemniskate, Symbol für die Unendlichkeit. Acht bedeutet, was nicht im Gleichgewicht war, ins Gleichgewicht zu bringen. Zwei Dinge, die völlig unterschiedlich erscheinen, nicht einander angleichen, sondern in ihrer Unterschiedlichkeit in ein gleiches Gewicht bringen. Das Wort gleich-gültig beschreibt es passend.

Die Zahl Neun ist 3 x 3. Sie wird als heilige, weibliche Zahl gesehen. Etwas ist zur Reife gekommen. Es ist noch verborgen, aber schon spürbar. Beispiel: Schwangerschaft = neun Monate.

Die Zahl Zehn, die letzte aus dem Zyklus der Arkanen, ist eins und null. Diese Zahl hat eine Beziehung zum Ass und macht das ganze darin enthaltene Potenzial, das noch unsichtbar ist, sichtbar.

Das Element Erde

■ Ass der Münzen

Das Leben hervorbringen. Wie in einem Samenkorn schon der ganze Baum enthalten ist, so enthält das Ass der Münzen das ganze Potenzial des Elementes Erde.

Wachstum, Nahrung, Pflanzen- und Tierwelt. Die sichtbar hervorgebrachte Welt mit all ihren Möglichkeiten des Werdens. Das Materielle, Gewinn, Sicherheit sowie auch das Körperlich-Organische. Der ganze Reichtum der Erde entfaltet sich mit den Möglichkeiten, die du dir nehmen kannst. Eine Zeit für neue Projekte, Vertrauen in das, was du nährst. Gedanken, Wünsche verdichten sich, gute Möglichkeit, einen Samen zu pflanzen. Den Körper mit allem versorgen, was er braucht.

■ Zwei der Münzen

Die Fußsohlen sind Teil des Körpers, der direkt mit der Erde Kontakt hat. Wechsel bedeutet, dass das, was häufig geschieht, wie das Gehen, mechanisch, automatisch und unbewusst vollzogen wird. Einen Schritt bewusst tun. Auf der körperlichen und auf der psychischen Ebene sich eines unbewussten Musters bewusst werden, einen Schritt daneben treten, es betrachten. Etwas Altes und Neues ins Gleichgewicht bringen. Ein Spiel, ein wiegendes Hin und Her. Ein Teil ist mit etwas Altem verbunden, und ein Teil wagt den Schritt ins Unbekannte. Im Tao heißt es: »Der Weg, der dadurch entsteht, dass er gegangen wird.«

Drei der Münzen

Einen neuen Raum betreten. Die Zahl Drei wagt einen Anfang, der sich aus Vorangegangenem gelöst hat. Der Wunsch, einen Raum zu schaffen, sowohl als Rückzugsort als auch als Ort für Begegnungen. Ein Platz für neue Erfahrungen und Möglichkeiten. Es kann auch ein Ort für spirituelle und andere öffentliche Zusammenkünfte sein.

Durch Körperübungen, Yoga, Massage entsteht Bewusstsein für Körperräume. Auf der Ebene des materiellen Austauschs, Handel. Ideen und Gedachtes verdichten sich. Alle drei Ebenen, Körper, soziale Kontakte, Erfindungen, arbeiten kooperativ zusammen.

Vier der Münzen

Den Raum einnehmen. Das, was noch als Anfang sehr zart als neue Erfahrung wirkt, kondensiert sich in der Zahl Vier. Es wirkt klar, solide und geordnet. Grenzen werden gezogen. Das Ordnen der Dinge gibt Sicherheit. Notwendigkeit, einen Raum zu begrenzen. Bist du zu stark auf Begrenzungen fixiert, können sie zum Gefängnis werden. In dieser Karte treffen wir die Schlange aus dem Ass und aus der Zwei der Münzen. Sie ist hier Symbol für Ruhe und Beweglichkeit. Durch sie wird die

Starre, entstehend aus dem Festhalten, überwunden. Vier verschiedene Wege liegen in dieser Karte. Der solide, abgegrenzte Raum. Die Sicherheit, die daraus entsteht. Die Macht der Grenzen im Sinne von Schutz und Gefängnis. Die Schlange, die die Begrenzungen überwindet, durch sie kommt etwas in Bewegung.

Vier im Element Erde: Raum nehmen, Grenzen setzen, sich ordnen, zur Ruhe kommen.

Fünf der Münzen

Die Fünf ist die Zahl des Übergangs, des Lebendigen. Wenn der Zustand von Ruhe und Ordnung konserviert wird, entsteht Erstarrung/Lähmung und ein Übergang wird not-wendig.

Ein Teil möchte in der Ordnung und Sicherheit verharren, der Teil hinter der Maske der konditionierten Ordnungsmuster weiß, dass Leben Bewegung ist. Hier wirst du aufgefordert, auf das zu schauen, was dich lähmt, und dich einzulassen.

Wenn die Blinde auf der Spur der Angst vor Verlust bleibt, wird sie sehend. Wandlung als notwendiger Schmerz, der ins Lebendige führt.

Sechs der Münzen

Geben und Nehmen. Das Bewusstsein in die Füße lenken. Austausch mit der Erde über die Fußsohlen. Über verschiedene Erdoberflächen laufen. Sand, steiniger Boden, Erde, Morast, Moos, Wiesen wirken belebend durch die Füße auf den ganzen Körper und die Organe.

Auf den Stand achten. Wie stehen die Füße auf der Erde und wie tragen sie das Gewicht des Körpers? Das Wort „Wohlstand“ deutet auf materielles Wohl-Ergehen und auf das Wohl-Stehen hin.

Die Füße nehmen auf, die Hände geben ab. Wenn dieser Fluss in Bewegung kommt, baut sich neues Wachstum auf. Ein Austausch ohne Blockaden. Diesen Kreislauf als ureigene Bewegung wahrnehmen und auf Situationen des Austauschs mit Menschen übertragen.

■ Sieben der Münzen

Wachstum – Zerfall. Das Tun im NICHT TUN. Du kannst die Zeit nicht anfassen, nicht essen, hören, sehen und nicht festhalten. Die Zeit ist mächtig und niemand kann sich den Gesetzen der Zeitabläufe entziehen.

Die Materie wird von der Zeit bewohnt und gezeichnet.

Diese Karte erzählt die Geschichten der Zeit. Die Erdgesteinsgeschichten mit Felszeichnungen. Ein Skelett, dessen Fleisch wieder zu Erde wurde. Die Lebenszeiten von Pflanzen, Menschen, Tieren, Bakterien werden durch unterschiedliche und doch voneinander abhängige Zeitabläufe bestimmt. Durch Zerfall wird Wachstum möglich. Durch Wachstum Zerfall notwendig. Das Geheimnis der Schönheit entfaltet sich im Unfassbaren, wie eine Blüte, die sich öffnet und die in ihrer Schönheit schon die Aura des Zerfalls zeigt.

Nicht Eingreifen und sich auf Wachstumsprozesse einlassen.

Acht der Münzen

Achtsamkeit – Zusammenarbeit. Ein einziges Blatt kann dir eine höchst komplexe Geschichte erzählen. Das Blatt zeigt dir den Baum, zu dem es gehört. (Zugehörigkeit und Zusammenarbeit bedingen einander.) Es erzählt über die Wurzeln des Baumes, die es von unten nach oben mit Nahrung versorgen, genauso wie das Blatt, die Blätter dem Baum Lichtnahrung von oben nach unten geben. Der Saft aus dem Schoß der Erde und das Licht aus dem Universum versorgen das ganze System: Wurzeln – Stamm – Ast – Blatt. Das Blatt erzählt über die Wirkungen des Kosmos: Kälte – Hitze – Licht – Dunkelheit, und über Frühling, Sommer, Herbst und Winter. Es weist auf die Zusammengehörigkeit von Vegetativem, Animalischem und Menschlichem. Es gibt keine Hierarchie, sondern ein Ineinanderwirken. Bei achtsamer Betrachtung eines Blattes öffnen sich Welten. Das Blatt ist eine Oktave. Wo die Zahl Vier ein begrenzter Raum ist, kommt bei der Zahl Acht eine kosmische Dimension zum Wirken.

Neun der Münzen

Fülle. Meditiere zum Stein und du wirst steinreich. Die Fülle und die Schätze sind nicht direkt sichtbar. Es ist das Alltägliche, Gewöhnliche, jeder kann es haben, das Leben in seiner Fülle.

Wenn die Gedanken auf unerreichbare Objekte oder auf das, was wir nicht haben, gerichtet sind, erleben wir anstatt Fülle einen permanenten Mangelzustand. Ein Zustand von Leere ist die Voraussetzung, um Fülle zu erfahren. Jeder, der einmal gefastet hat und dann wieder isst, weiß, wie intensiv der erste Bissen schmeckt. Es heißt, in einem Stein wären alle Mineralien enthalten. Runde unbearbeitete Steine symbolisieren das Weibliche. Die Schätze in einem Stein sind noch verborgen. Durch Meditation wird der Stein weich und ist bereit, seine Schätze zu offenbaren.

Zehn der Münzen

Reichtum – Ankommen. Die Zahl Zehn korrespondiert mit dem Ass der Münzen. Was am Anfang keimhaft vorhanden war, ist hier zur Entfaltung gekommen.

Die Formen des Labyrinths sind sehr alt. Sie wurden auf Steinen, auf Kultplätzen, in Höhlen, in Kirchen auf der ganzen Welt gefunden. Diese Karte bedeutet, du hast die Eins, das Ass der Münzen, den sicheren Schoß, verlassen und dich auf eine Reise begeben, bist durch und über Erdschichten gelaufen, hast Erfahrungen gesammelt und bist angekommen bei dir selbst in deinem Zentrum. Die eingerollte Schlange vom Ass der Scheiben hat sich entrollt und dich sichtbar und unsichtbar begleitet. Das Gehirn und die Eingeweide stehen im Zusammenhang mit dem Labyrinth. In einigen Kulturen wurde aus den Eingeweiden die Zukunft vorausgesagt. Im Innersten der Erde findest du das, was du suchst, den Schatz, den Diamanten, strahlend rein, befreit von Schlacken und Ablagerungen.

Das Element Wasser

Ass der Kelche

Klares, frisches Wasser, die Öffnung des Herzens. Der Ursprung der Gefühle. Du bist voller Lebendigkeit, plötzliche Eingebungen im Kontakt mit deinen Gefühlen. Sich seinen Gefühlen anvertrauen. Reine Liebe.

Ein Sich-Öffnen für eine neue Begegnung mit sich selbst und anderen Menschen.

Quellen in der Natur gelten als heilige Plätze. Dort ist das Wasser besonders rein und mineralhaltig.

Der Lotos als Blume des Lichts und der Reinheit ist Ursprung allen Seins. Symbol für Erneuerung und das sich öffnende Herz.

Zwei der Kelche

Liebe – Liebesbegegnung – emotionaler Austausch – Romanze. Ein Geschenk wird gegeben und empfangen. Gegenseitige Abhängigkeit, Zusammengehörigkeit. Das Bedürfnis, sich auf emotionaler Ebene zu öffnen und mitzuteilen. Aus dem Kelch des anderen trinken, sich vermischen. Bilder, die ineinanderfließen. Keine Unterscheidung mehr zwischen Mein und Dein. Sich im anderen spiegeln, verschmelzen. Sich dem Strom der Bilder aus dem Unbewussten öffnen. Die verborgenen Wünsche und Vorstellungen, je dünner der Schleier der Projektionen, desto klarer der Kontakt zum anderen. Kann auch eine tiefe emotionale Begegnung mit dir selbst sein. Die Kelche wurden leer getrunken. Was ist auf dem Grund? Vexierbild: Bin ich du, oder bist du ich?

■ Drei der Kelche

Feste – Feiern – Teilen. Nicht verlassen, sondern heraus treten aus der intimen vertrauten Begrenztheit der Zwei. Ein Übergang zu neuen Kontakten wird mit Festen gefeiert. Die Begrenzungen des Alltags verschieben und erweitern sich. Die Sorgen nicht verdrängen, sondern vergessen. Ein Neubeginn, fließende Gegenwärtigkeit. Bilder und Rollen verwandeln sich. Feiern, spielen und tanzen, mit anderen Menschen leicht und locker kommunizieren. Ein Fest öffnet und reinigt. Schwere, ernste Gefühle können sich in Leichtigkeit und Freude verwandeln und sich erneuern.

■ Vier der Kelche

Gefühle erkennen und Verantwortung übernehmen. Was fühlt du jetzt gerade in diesem Moment? Gefühle klären, ordnen, strukturieren. Wo und wie ist ein positives oder negatives Gefühl entstanden? Was mache ich damit? Z. B. darin schwelgen, festhalten, aufbauschen. Wahrnehmen, wie beeinflussen Gefühle mein Befinden? Wie und durch was ist ein Gefühl entstanden?

Leichte, laue Gefühle – mächtige Wasserstrudel, die einen magnetischen Sog ausüben. Dunkle, ungeklärte, trübe und klar sprudelnde Gefühle. Zwischen der Vielfalt der Gefühlspalette unterscheiden.

Die Gefühle betrachten, ohne sich damit zu identifizieren. Grenzen setzen. Durch Reinigung und Klärung wandeln sich die Gefühle in Überfluss und Fülle.

Fünf der Kelche

Trauer – Abschied. Abschied nehmen von einer endlos erscheinenden Folge von Enttäuschungen. Aufhören, nur in eine Richtung zu schauen und zu fühlen, und den Fluss des Gegenwärtigen wahrnehmen. Nimm Abschied von alten Verletzungen, fühle die Trauer. Wenn du weinen kannst, löst sich die Verbitterung des Herzens auf. Der Körper wird durch die Tränen gereinigt und du wirst offen für neue Quellen zu dir selbst. Trauer befreit dich aus dem Griff negativer, festgehaltener Gefühle und erlöst dich aus der Isolation. Wie ein Tropfen fällst du ins Meer und erlebst die Auflösung der engen Begrenzungen des Ich.

Sechs der Kelche

Welle – Genuss – Harmonie – Liebe. Gefühle aus der Kindheit. Geborgenheit, gehalten werden, umsorgt und geliebt werden. Alles, was mit diesen Gefühlen verbunden ist, vergegenwärtigen. Welche Rolle spielten

Sprichwörter, Gebete? Wie wirken sie noch im Unterbewusstsein? Wähle die heilsamen, angenehmen. Mit jeder Welle positive Gefühle in den gegenwärtigen Moment holen. Sich von Wellen tragen lassen. Vertrautheit, Offenheit, Berührungen, sexueller Genuss. Bereitschaft, sich anderen Menschen emotional zu öffnen.

■ **Sieben der Kelche**

Illusion – Desillusion. In das trübe nebulöse Reich der Illusionen eintauchen. Mit Wünschen, Träumen, Illusionen spielen. Das Reich der unbegrenzten Möglichkeiten. Jede Schicht loslassen, alles auf einmal wahrnehmen. Das gesamte Netz meiner Wunschfantasien sehen. Eine Reise durch die Schichten der eingebildeten Bilder und Wünsche. Auf den Grund kommen. Woher kommen deine Wünsche und aus welcher Quelle werden sie genährt?

Das fragile Netz aus Täuschungen, Illusionen, Wünschen und Gefühlen an sich vorüberziehen lassen. Nicht eingreifen. Im Einklang mit dem Rhythmus des Wandels sein.

■ **Acht der Kelche**

Auf den Grund kommen. Der schmale Pfad zu den tiefen Schluchten des Unbewussten erfordert Entschlossenheit und Mut. Die Form verlieren. Offen sein für dunkle, formlose, unfassbare Gefühle, die an die Oberfläche kommen, sich enthüllen und gesehen werden wollen. Einen Teil musst du tun, ein Teil geschieht ohne dein Zutun. Hier geht es um genaues Spüren und Fühlen. Die haarfeinen Verschiebungen der Grenzen empfinden. Ein subtiles Ausbalancieren von Aktion und Reaktion erfordert Achtsamkeit.

Neun der Kelche

Erfüllung und Glück. Ein winziges Sandkorn wird in eine Muschel gespült. Hart, scharf und kantig liegt es im weichen Fleisch und bereitet anhaltende Schmerzen. Die Muschel umhüllt das Sandkorn mit Schichten ihres Perlmutts, bis sich eine runde, wunderschön schimmernde Perle gebildet hat.

Initiiert wurde dieser Prozess durch den Schmerz. Eine tief angenommene Verletzung wandelt dich, bringt Einsicht, Weisheit und Glück.

Ein Geschenk aus den tiefsten Schichten des Ozeans.

Zehn der Kelche

Erfüllung. Das Meer. Das Wasser, aus dem alles kommt und in dem alles ist. Die Quellen, Flüsse, Wellen, Tiefen, Tränen. Du bist mit allen Wassern gewaschen. Hast all die Facetten deiner Emotionen angenommen. Das Meer hat dich aufgenommen, gehalten, eingetaucht, hin und her geschleudert, dich sanft gewiegt, dich an Land gespült und wieder mitgenommen. Dich eingetaucht in verborgene Schluchten und hat dir den Reichtum deiner Emotionen gezeigt; dich gekühlt und gewärmt, umhüllt. Dich gespiegelt und deinen Durst gelöscht.

Das Element Feuer

Ass der Flammen

Das Feuer der Lebenskraft. Die Flamme aus den Flammen. Ursprung des Feuers. Eine Kraft, die Hüllen, Kapseln, Knospen, Rahmen und Begrenzungen sprengt. Die inneren Kräfte sind mächtig. Was sich zusammenbündelt, bebrütet und erhitzt wurde, will raus. Vergangenheit und Zukunft sind verbrannt. Nur das, was unmittelbar da ist, zählt. Präsenz und Wachsein – aus dem Augenblick handeln.

Zwei der Flammen

Das Feuer der Nähe – Bündnis. Zwei Kräfte, die sich verbinden. Beide bewahren ihr eigenes, spezifisches Feld und erfahren sich als Teil eines umfassenderen Zusammenhangs. Ein elektrisierendes Geflecht aus Lichtfäden verbindet blaues Mondfeuer mit dem rotgelben heißen Licht der Sonne.

Du bist das Ich, das sich überschreitet. Machtvolle, zarte Verbindungen mit dem, was außerhalb deiner Begrenzungen liegt.

Drei der Flammen

Das Feuer der Kreativität. Ein Gesang, der etwas aus dem Unbekannten in die Welt des Bekannten holt. Töne, die durch pulsierende Rhythmen deines Körpers entstehen. Hörbar gemachter Atem. Sich einen Ausdruck erlauben. Rotes Licht durch die Kehle fließen lassen, laute und leise Töne modulieren. Mit Vokalen und Konsonanten spielen, bis zum OM, dem Urklang, die Mutter aller Klänge. Die Atmosphäre füllt sich mit Tönen, etwas Neues wird geboren.

■ Vier der Flammen

Das Feuer der Gestaltung. Das purpurne ungestaltete Feuer aus dem Inneren der Erde und das himmlische Feuer der Sonne berühren sich. Das Feuer des Körpers und des Geistes arbeiten zusammen, verfeinern und stärken sich. Polare Kräfte, die sich in goldenen Lichtwellen ordnen.

■ Fünf der Flammen

Das Feuer der Aggression. Streit – Auseinandersetzung – Angriff – Grenzen überschreiten.

In Selbstbildern gefangen, agieren. Keiner nimmt den anderen wahr. Die Kraft gebündelt, um das eigene Ding durchzuboxen. Ein Aspekt des Streits, bei dem es darum geht, als Sieger zu erscheinen. Sieger wird der, der die Anderen zu Verlierern macht. Ein konstruktiver Aspekt des Streits liegt in der Klärung. Eine schwüle Atmosphäre wird gereinigt wie nach einem Gewitter mit Donner und Blitz.

Verborgene Konflikte in Angriff nehmen.

Sechs der Flammen

Das Feuer der Entgrenzung – über den Zaun springen. Tanz – Rhythmus – Bewegung – Sexualität. Die Grenze zwischen Ich und Nicht-Ich zerschmilzt. Außer sich geratend zu einer neuen Einheit werden. Mit katzenhafter Geschmeidigkeit in ein anderes Kraftfeld springen. Sieg, Triumph bedeutet, mit allem, was du fühlst, riechst, schmeckst, hörst und siehst, im jeweiligen Moment sein.

Sieben der Flammen

Das Feuer der Aktion – Mut zum Selbstausdruck. Für jedes Gefühl, Empfindung, die Verantwortung übernehmen; sich für niemand anderen verantwortlich fühlen. Willenskraft – Selbstausdruck und die Umsetzung deiner Wünsche und Bedürfnisse.

Mut zur Wut; den Tiger aus Becken und Schultern freilassen.

Die Art und Weise deines Handelns im Jetzt wirkt auf dein Sein in der Zukunft.

Acht der Flammen

Das Feuer des Geistes. Konzentration und Inspiration. Du bist alles gleichzeitig: die Kraft der ruhenden Raubkatze, der gespannte Bogen, die Sehne und der Pfeil.

Die geistigen Kräfte zur Ruhe bringen, bündeln, konzentrieren und bis zum Äußersten anspannen – wie die Sehne eines Bogens. Der Geist wird eins mit dem Ziel und die Inspiration weiß, wann der Pfeil fliegt und trifft.

■ Neun der Flammen

Das Feuer der Heilung und Reife. Die neun Flammen machen dir das ganze Spektrum des Feuers bewusst. Das Feuer des Wachsens, der Zerstörung, der Wut, der Leidenschaft, der Begierden, der Wärme, der Nähe, der Lust, der Berührung und der Inspiration.

Das Feuer des Körpers und das Feuer des Geistes.

Durch Erfahrungen und Erleben hast du gelernt, mit diesen Kräften umzugehen. Du kannst es entfachen und lenken.

■ Zehn der Flammen

Das Feuer der Reinigung und Läuterung. Das reinigende Feuer. Hass, Groll und Feindseligkeit sind Nahrung der Flammen geworden. Du wurdest gereinigt bis auf die Knochen. Zwanghafte Ideen, Verhärtung und Besessenheiten hast du abgelegt wie alte Kleider. Gestärkt gehst du aus Niederlagen und Triumphen hervor und öffnest dich für jede Situation. Die Flammen bringen Erlösung und Erleuchtung.

Geistige Klarheit – Eins-Sein. Die Pfauenfeder zeigt die schillernde Beschaffenheit deiner Gedanken. Sie ist Symbol für Unsterblichkeit, Königswürde und Wachsamkeit.

Ein gedachter, in Wirklichkeit nicht vorhandener Kreisausschnitt wurde mit dem scharfen Schwert deines Intellekts gezogen. Der Geist spiegelt die vielfältigen Eigenschaften der gedanklichen Welt.

Scharfe, kristalline, analytische und feine, hochsensible Gedankenschwingungen. Lenke die Achtsamkeit auf das Ein- und Ausatmen und nimm wahr, dass die Begrenzungen deines Ichs keine real existierenden Gegebenheiten sind. Nimm wahr, wie du eins wirst mit dem unendlichen Raum.

Das Element Luft

■ Ass der Federn

Geistige Klarheit - Eins-Sein. Die Pfauenfeder zeigt die schillernde Beschaffenheit deiner Gedanken. Sie ist Symbol für Unsterblichkeit, Königswürde und Wachsamkeit. Ein gedachter, in Wirklichkeit nicht vorhandener Kreisausschnitt wurde mit dem scharfen Schwert deines Intellekts gezogen. Der Geist spiegelt die vielfältigen Eigenschaften der gedanklichen Welt. Scharfe, kristalline, analytische und feine, hochsensible Gedankenschwingungen. Lenke die Achtsamkeit auf das Ein- und Ausatmen und nimm wahr, dass die Begrenzungen deines Ichs keine real existierenden Gegebenheiten sind. Nimm wahr, wie du eins wirst mit dem unendlichen Raum.

■ Zwei der Federn

Den Fluss der Gedanken zur Ruhe bringen. Durch Meditation die inneren Dialoge wahrnehmen. Erkennen, wie sich Gedankenketten zusammensetzen und in automatisierten Denkmustern, Zweifeln und Grübeln erstarren. Für einen Moment die Gedankenschleifen zur Ruhe bringen und die Kraft zwischen einem absterbenden und sich neu aufbauenden Gedanken spüren.

Drei der Federn

Berührung und Schmerz. Ein notwendiger Schnitt, der dich von vergangenen Ängsten und Schuldgefühlen trennt. Erinnerungen, die dich an alte Erfahrungs- und Gedankenmuster binden wollen. Sowie die Bluttropfen der Federn nicht wirklich, sondern nur rote Farbe sind, so sind sich immer wiederholende Erinnerungen an vergangenes Leid blutleer, ohne Wirklichkeit und Substanz. Durch einen Schnitt, eine Trennung wird Neues berührt. Neue Bestimmung und Erweiterung der Denkräume.

Vier der Federn

Rückzug – Schutz – Ruhe. Einen Raum der Stille betreten. Körper und Geist ruhen lassen. Keine Fragen – keine Antworten. Verwirrte Gedanken kommen zur Ruhe, Raum entsteht.

Den Strom deines Atems durch die Nasenflügel wahrnehmen. Kühler Luftstrom, einatmen – warmer Luftstrom, ausatmen. Gleichmäßige, ruhige, tiefe Atembewegungen. Nach innen schauen. Dein Geist klar in sich ruhend.

Durch Gedankenstille entstehen neue Ordnungen.

Fünf der Federn

Ergebnisloser Kampf – Gib auf! Wenn ich das mache, könntest du so und so denken. Weil ich weiß, dass du das denken könntest, sage ich etwas anderes – das wird dich verwirren. Das wird mein Triumph. Dir zeigen, wie du manipulierst. Nein, so mach ich das doch nicht, ich befürchte, es könnte zu offensichtlich werden. Eigentlich will ich keinen Streit, niemanden verletzen. Immer denkt sie das. Immer – wieso immer. Ich habe das Ganze doch nicht so gemeint. Niemand sollte von mir denken, ich würde das …

Verzicht auf einen eingebildeten Triumph – GIB AUF.

■ Sechs der Federn

Verschiedene Denkweisen auf einen Punkt bringen – Vernetzung. Unproduktive und zersetzende Denkgewohnheiten umpolen. Du bist bereit, von anderen Menschen zu lernen und Informationen aufzunehmen. Gedankenaustausch.

Vernetzung bedeutet, Abhängigkeiten anerkennen. Sich als Teil eines ineinander verwobenen Systems wahrzunehmen. Die Vielfalt deiner mentalen Ziele auf den Punkt bringen, mit neuen Denkweisen verknüpfen. Einen harmonischen Zustand zwischen Gefühl und Verstand kultivieren.

■ Sieben der Federn

Bewusstseinsantennen auf deine inneren Stimmen ausrichten. Aus welcher Perspektive wird wahrgenommen?

Du bist der helle, frisch geschlüpfte Schmetterling, der die Dinge so betrachtet, als sehe er sie zum ersten Mal. Du bist der schwarze Schattenvogel mit scharfer Kralle und Schnabel, bereit, das zu zerreißen, was dir nicht passt.

Je mehr du dir wünschst, wie die anderen sein sollten, desto mehr wirst du von deinen Vorstellungen gekrallt. Die Fallen der sich selbst erfüllenden Prophezeiungen und Hypnosen erkennen.

Ich kann nicht – man darf nicht – es geht nicht – es klappt sowieso nicht – ich muss doch usw.

Wie nagelst du dich fest?

Deine eigene Blindheit sehen und die Haltung gegenüber eigenen Feindbildern verwandeln.

Acht der Federn

Der Augen-Blick – Perspektiven verändern. Je stärker du Vergangenes festhältst, immer und immer wieder kopierst, desto verzerrter und grotesker wird die Wahrnehmung. Schatten und Spukgestalten – sehen, wie sie sind. Wann sie kommen, warum sie kommen, wie sie entstehen. Ihre Dynamik erkennen und damit spielen. Nichts bleibt statisch. Alles, was du siehst, bist du, ist das, was auf deiner Netzhaut empfangen wird.

Dir selbst vergeben und eine andere Perspektive einnehmen.

■ Neun der Federn

Durch Nicht-Wahrnehmung töten. Den Schmerz der Zurückweisung, des Ausgrenzens und des Verlassen-Werdens fühlen. Zu den Knotenpunkten der Furcht und Angst zurückgehen und genau betrachten. Durch das Hinschauen wird den Dämonen der Ignoranz der Nährboden entzogen. Auf das zugehen, was du ausgrenzt und fürchtest.

Eine aktive Entscheidung treffen und eintauchen in die tieferen Schichten deines Wesens.

■ Zehn der Federn

Den Film anhalten. Die flatternden, schattenhaften Gedanken sind zur Ruhe gekommen. Haben sich niedergelassen auf den Ästen der Bäume, sind geerdet. Du erlebtest Ängste und Schmerzen, ohne davon zerstört zu werden. Du hast dich als Teil des Films und als Teil der Projektionsfläche erfahren.

Du hast die Wahl und kannst das Reich der Albträume verlassen. Durch geistige Klarheit und die Kraft des Unterscheidens alte Denkprogramme stoppen.

Umgang mit den Tarotkarten

Fragen – Legemuster: Ein wichtiger Aspekt im Umgang mit den Tarotkarten liegt in der Sorgfalt der Vorbereitung, dem Mischen und Auslegen der Karten. Zum Beispiel in Kreisform, gut geeignet, wenn du allein die Karten befragst. Die Spiralform, wobei die Karten in einer großen Spirale mit dem Bild nach unten auf den Boden gelegt werden, ist für Gruppen geeignet. Wie ein Buch, das immer wieder neu gebunden wird, kannst du Legemuster und Möglichkeiten erfinden und entdecken.

Sich Zeit nehmen für eine Frage. Wie stelle ich eine Frage? Das Problem kennst du, die Lösung noch nicht. Lösungsorientierte Fragen ausarbeiten. Keine Entwede-der-Oder-Fragen. Klare, präzise Fragen stellen, ins Detail gehen. Was dir unbedeutend erscheint, kann möglicherweise ein Schlüssel für eine wichtige Frage sein. Der Prozess des Fragens fordert ein genaues Hineinspüren.

Was will ich wirklich wissen? Je klarer die Frage, desto klarer antwortet das Tarot.

Ich persönlich lehne Fragen, die ausschließlich die Zukunft betreffen, ab. Es kann eher Verwirrung als Klarheit bringen, und du verlierst dich im Labyrinth der tausendfachen Möglichkeiten und Eventualitäten.

Fragen über abwesende Menschen sollten vermieden werden. Wenn du etwas über jemanden wissen willst, dann frage die betreffende Person direkt und nicht über die Karten. Das wäre, als ob du heimlich im Tagebuch eines anderen Menschen lesen würdest.

Was sich bewährt hat, sind Fragen nach dem IST-Zustand. Was ist jetzt in diesem Moment? Das bringt deine Aufmerksamkeit in die Gegenwart, in der die Vergangenheit und Zukunft enthalten sind. Eine schöne Möglichkeit, die Karten kennenzulernen ist, sich eine Tageskarte zu ziehen oder sich längere Zeit mit einer Karte intensiver auseinanderzusetzen, zu meditieren und eigene Assoziationen dazu aufzuschreiben.

Das Kennenlernen der Karten braucht Zeit und ist ein langsames Hineinwachsen.